AF321136

RAPPORT

SUR

LE SERVICE DES ALIÉNÉS

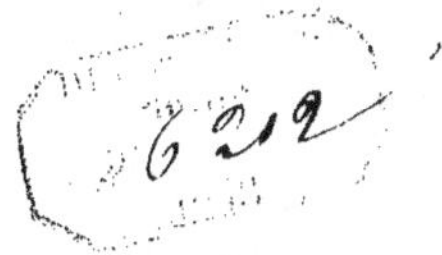

PARIS

PAUL DUPONT, IMPRIMEUR DE L'ADMINISTRATION DE L'ASSISTANCE PUBLIQUE
41, RUE JEAN-JACQUES ROUSSEAU, 41

1873

RAPPORT

SUR

LE SERVICE DES ALIÉNÉS

Paris, le 21 avril 1873.

Monsieur le Préfet,

Vous avez bien voulu m'annoncer la prochaine convocation de la Commission, constituée par votre arrêté du 27 janvier 1873, pour étudier les différentes questions que peut encore soulever le service des aliénés de la Seine.

Parmi ces questions, celles qui touchent à l'organisation administrative du service seront probablement les premières dont la Commission s'occupera et, je crois, dès lors, prévenir vos intentions en vous soumettant, dès à présent, quelques renseignements qui faciliteront peut-être son travail et éclaireront le Conseil général lui-même sur les points qu'il a signalés dans sa délibération du 23 décembre dernier.

Pour se prononcer sur le mérite d'une organisation, il importe, ce me semble, de préciser d'abord les besoins du service qu'on se propose de réglementer, et cela est d'autant plus nécessaire pour celui des aliénés qu'il se compose de plusieurs parties de natures très-diverses, ainsi que vous pourrez en juger d'après ce qui va suivre.

La première est relative à la séquestration des aliénés, mais celle-ci rentre presque exclusivement dans les attributions de M. le Préfet de police, parce que les placements d'office constituent dans le département de la Seine la presque totalité des admissions. Je n'en parle donc ici que pour ordre.

Répartition.

Vient ensuite le travail de répartition des aliénés entre les différents asiles, répartition qui se fait à l'asile Sainte-Anne avec le concours des médecins et du Directeur, lesquels veillent à ce que la répartition ait lieu au point de vue de l'intérêt du malade et selon la proportion des places vacantes dans chaque asile.

Intervention administrative.

Après le placement commence, à proprement parler, l'intervention administrative. Il faut alors successivement déterminer, par des enquêtes, le domicile de secours de l'aliéné, la situation de sa famille ; rechercher s'il y a lieu ou non de réclamer les frais de séjour soit aux parents, soit à son département, d'en poursuivre le payement ou de provoquer le rapatriement des aliénés. Il faut aussi correspondre avec les administrations de province à l'occasion des pensionnaires que le département de la Seine est encore obligé d'y envoyer. C'est l'ensemble de ces opérations que l'on groupe sous le titre de correspondance générale.

Tutelle.

L'Administration a, en outre, pour mission, soit en vertu de la loi du 10 janvier 1849 (qui a constitué la direction générale de l'Assistance publique), soit de l'article 31 de la loi de 1838, qui s'applique aux Commissions administratives des asiles, de veiller à toutes mesures conservatoires nécessaires, pour sauvegarder les intérêts des aliénés. Le malade est-il seul, a-t-il laissé dans la maison ou la chambre qu'il occupait, des meubles, des valeurs ? L'Administration intervient pour rompre les locations, prescrire au besoin le transport des meubles dans un magasin spécial; elle constate les titres, les valeurs qui peuvent s'y trouver, fait même parfois des avances pour éviter des poursuites, et quand, plus tard, le malade est reconnu incurable, elle procède, pour le compte de l'aliéné, à la vente des meubles qui lui appartiennent.

L'Administration doit répondre également aux réclamations des créanciers, assurer le recouvrement des sommes dues aux aliénés, liquider, s'il y a lieu, les successions qu'ils sont appelés à recueillir. La loi de 1849, qui a constitué l'Administration de l'Assistance tutrice légale, lui donne à cet égard toute facilité d'agir, tandis que la loi de 1838 n'attribue aux Commissions administratives que les droits d'administrateur provisoire, droits moins étendus que ceux d'un tuteur.

La partie de la tutelle est donc une des plus importantes attributions dépendant du service administratif des aliénés, car il ne faut pas perdre de vue que la plupart de ces malheureux ont peu de ressources et que l'application de la procédure ordinaire les amènerait le plus souvent à une ruine complète, tandis que l'intervention de l'Administration de l'Assistance est toute gratuite.

L'action de l'Administration centrale s'étend aussi à la gestion des trois asiles que le département a créés.

Gestion des asiles.

Si l'asile Sainte-Anne est situé à Paris, les deux autres, Vaucluse et Ville-Évrard, se trouvent à une distance qui, sans être considérable, est déjà un obstacle pour les rapports avec l'Administration centrale.

La gestion de ces asiles comporte naturellement, au point de vue administratif, des questions aussi importantes que multipliées : questions d'appropriation des bâtiments; questions de personnel qu'il importe d'étudier au double point de vue de la régularité des services et de l'économie qu'il est convenable d'y apporter; questions de régime alimentaire, d'approvisionnements de toutes natures, de marchés à passer, de réceptions de marchandises à effectuer; quelquefois même, questions d'exploitation directe des terres qui dépendent des asiles et surtout questions de surveillance générale pour assurer à tous les administrés la plus grande dose de soins et de bien-être que l'on peut obtenir avec les ressources dont on dispose.

Enfin, comme dernières attributions du service des aliénés de la Seine, se présentent le service de caisse et l'administration des biens qui constituent le domaine du département et dont il lui importe de tirer le meilleur parti possible.

Gestion du domaine
du département.

Toute administration qui embrassera l'ensemble du service des aliénés aura donc, en dehors du service de santé, qui doit avoir son règlement spécial, à se préoccuper de ces diverses parties, indépendantes les unes des autres, mais qui doivent concourir, chacune pour sa part, au résultat général.

Voyons maintenant les différentes organisations sous lesquelles le service des aliénés a successivement fonctionné.

Vous savez, Monsieur le Préfet que, depuis le commencement du siècle et jusqu'à la création des asiles spéciaux du département de la Seine, l'*Administration des hôpitaux et des hospices de Paris* entretenait, dans ses deux grands hospices, sous l'autorité de vos devanciers et avec le concours du Conseil de surveillance, les seuls services d'aliénés qui existassent alors pour le département.

Quand cette Administration a été transformée en *Administration générale de l'Assistance publique à Paris*, par une loi de 1849 (et par conséquent postérieurement à la réglementation de 1838), elle a été confirmée de nouveau, par un article spécial de cette loi, dans son droit de tutelle sur tous les aliénés du département.

Il est bon de remarquer que cette situation n'était pas en désaccord avec les prescriptions du législateur de 1838 ; car, celui-ci, en posant le principe des secours dus à l'aliéné, a laissé aux Administrations préfectorales la faculté de créer des asiles spéciaux, ou de traiter avec des établissements publics ou privés pour le placement des aliénés, moyennant un prix de journée.

Du reste, cette loi de 1838 est restée inappliquée dans le département de la Seine pendant plus de vingt ans, car, c'est seulement vers 1860 que M. le Préfet de la Seine et le Conseil général se sont occupés de doter le Département d'asiles qui devaient recevoir tous les aliénés de la Seine, et que des Commissions ont été chargées de rédiger les prescriptions d'un programme général, en prévision d'une population permanente de 6,000 aliénés. Ces Commissions conclurent, en 1861, à la création de dix asiles, contenant chacun 600 lits ; mais jusqu'ici trois seulement fonctionnent, attendant encore des travaux complémentaires, et la dépense déjà s'est élevée à près de 25 millions.

Comme il était naturel de le prévoir, l'Administration préfectorale, qui venait de créer à si grands frais de vastes établissements, a désiré en prendre elle-même la direction. Elle n'a pas vu dans la loi de 1849 un obstacle à ce changement ; et M. le Préfet, restreignant l'action de l'Assistance publique à la gestion des deux sections des hospices de Bicêtre et de la Salpétrière, a pris sous sa direction immédiate le service de aliénés de la Seine, en l'organisant de la manière suivante :

Autorités supérieures :

1° M. le Préfet de la Seine et le Conseil général ;

2° Commission de cinq membres, prévue par l'ordonnance du 18 décembre 1839 ; cette Commission se réunissant une fois par mois pour s'occuper des trois asiles, et un de ses membres exerçant les pouvoirs d'Administrateur provisoire. (Art. 31.)

L'étude préparatoire des affaires a été confiée :

Pour les travaux de bâtiment, au Directeur des travaux de la Préfecture et aux architectes agissant sous son contrôle ;

Pour les attributions administratives, à la Direction départementale, au moyen de la création d'un bureau et le concours de plusieurs employés, répartis tant à la Caisse que dans d'autres services de la Préfecture.

Chaque asile a eu son personnel spécial, suivant des combinaisons qui ont subi successivement quelques changements.

Telle était encore l'organisation qui fonctionnait alors, que votre prédécesseur m'a chargé, au mois de juin 1871, de prendre, à titre provisoire et jusqu'à la prochaine réunion du Conseil général, la direction du service Mais remarquez, Monsieur le Préfet, que par le fait, ce changement n'a constitué qu'une simple modification d'attributions, et pour la réaliser il a suffi de faire passer à l'Administration de l'Assistance une partie des employés qui s'occupaient du service des aliénés dans les bureaux de la Préfecture, et de distribuer le travail dans deux des divisions de l'Assistance. M. le Préfet et le Conseil général n'en sont pas moins restés les autorités supérieures du service, auxquelles le Directeur de l'Administration hospitalière a dû rendre compte de tous les faits de sa gestion, et soumettre préalablement tous les actes de quelque importance qu'elle comportait, et des membres du Conseil de surveillance de l'Assistance publique ont été désignés pour surveiller les asiles.

Je n'avais point provoqué la décision du mois de juin 1871, et je pouvais encore moins la discuter ; mais je tiens à constater que depuis lors, je me suis constamment trouvé dans une situation provisoire, et soumis depuis bientôt deux ans à des ajournements successifs. Maintenant même, je ne sais si l'état actuel sera ou non définitif ; et cependant, permettez-moi de le dire, M. le Préfet, il importe beaucoup, dans l'intérêt même du service, que l'on, sorte de cette incertitude qui laisse à peine assez d'autorité pour surveiller le fonctionnement de chaque jour, et paralyse toute étude sérieuse d'avenir.

Sans avoir à rechercher les considérations qui ont motivé la décision prise, en juin 1871, par votre prédécesseur, je crois cependant pouvoir dire qu'elle a été principalement inspirée par les nombreuses analogies qui existent entre le service des aliénés du département, et celui de l'Assistance hospitalière. Cette Administration n'a-t-elle pas, en effet, une longue expérience pratique des asiles d'aliénés? Ne conserve-t-elle pas encore deux sections pour le traitement des maladies mentales à Bicêtre et à la Salpétrière? N'est-ce pas à elle qu'on a dû, de 1801 à 1867, les améliorations importantes qui ont devancé la loi de 1838? Ne tient-elle pas de la loi de 1849 un pouvoir spécial et aussi étendu que possible pour exercer en toutes circonstances une tutelle protectrice? Ne gère-t-elle pas un domaine bien autrement important que celui des aliénés de la Seine? N'est-elle pas familiarisée avec la gestion de grands hospices ou asiles, quelle qu'en soit la destination?

Mais si ces considérations ont moins de valeur aujourd'hui aux yeux du Conseil général, si vous-même, Monsieur le Préfet, vous étiez disposé à penser que l'aide de l'Assistance ne vous étant plus utile, il conviendrait de revenir sur le parti adopté en 1871, rien ne serait plus facile à exécuter.

Cette fois encore il suffirait de prescrire un simple changement d'attributions entre la Préfecture et l'Assistance publique. Le bureau spécial des aliénés et les personnes qui l'ont accompagné, retourneraient dans les bureaux d'une des Directions actuelles de la Préfecture. C'est à l'invitation de votre prédéceseur que l'Administration de l'Assistance a pris le service, en présence de difficultés sérieuses qui tenaient aux circonstances tout exceptionnelles que nous venions de traverser, et au caractère tout provisoire de la mission qui lui était confiée. Si vous le désirez, Monsieur le Préfet, vous nous trouverez non moins empressés à vous seconder avec des conditions de stabilité qui faciliteront notre tâche, mais l'Administration de l'Assistance n'aura non plus aucune objection à vous soumettre, dès que vous jugerez opportun qu'elle rende tout le service des aliénés à l'Administration départementale.

Ce n'est qu'après s'être prononcée sur cette première question que la Commission pourra utilement s'occuper des détails secondaires ; cependant, comme l'a demandé le Conseil général, je joindrai à ce rapport un état comparatif du personnel que comprenait l'organisation antérieure et celle qui a onctionné depuis 1871. Celle-ci n'est elle-même que provisoire, parce que, d'après les recommandations de votre prédécesseur, j'ai dû respecter toutes les positions acquises, et conserver, par conséquent, un certain nombre de personnes et de traitements que nous a légués l'organisation précédente. Il y a donc tout lieu d'espérer pour l'avenir, de nouvelles économies sur les dépenses du personnel.

Après avoir délibéré sur l'organisation générale du service, la Commission voudra probablement porter son attention sur le fonctionnement particulier de chaque asile. Dans cette prévision, j'ai fait préparer l'état du personnel médical et administratif des trois asiles du département.

Si on consulte la législation et les antécédents, on verra qu'aux termes de l'ordonnance du 18 décembre 1839, les asiles d'aliénés doivent être administrés par un Directeur responsable, sous la surveillance d'une Commission gratuite. Cette ordonnance détermine le mode de nomination de ce Directeur et du Médecin en chef, et indique les attributions spéciales de chacun d'eux. Le premier est chargé de l'Administration intérieure de l'asile et de la gestion de ses biens ; il doit, sous les conditions prescrites par la loi, pourvoir à l'admission et à la sortie des aliénés, et à tout ce qui intéresse le bon ordre et la police de l'établissement dans les limites du règlement intérieur (art. 6). Le médecin, chef du service de santé, est chargé de tout ce qui concerne le régime physique et moral, et aussi de la police médicale et personnelle des aliénés (art. 8.) Toutefois, la même ordonnance dit que l'autorité supérieure peut admettre et même prescrire la réunion des doubles attributions. (Art. 13.)

La Commission qui a discuté en 1861 l'installation des asiles de la Seine, s'est arrêtée longtemps sur cette question, et s'est bornée à dire aussi que la réunion des attributions pourra être établie, s'il y a lieu, dans les asiles du département.

Ainsi la règle commune semble être la distinction des attributions et au contraire ; la réunion n'est admise qu'à titre exceptionnel : celle-ci se comprend, en effet, pour les établissements particuliers, et pour les asiles départementaux de peu d'importance, tandis que pour les autres, les nécessités mêmes du service paraissent réclamer le concours simultané et d'un médecin chef du service de santé, et d'un administrateur (quel que soit son titre), prenant sous sa responsabilité toute la partie matérielle de l'asile. On ne saurait méconnaître qu'une surveillance très-active ne soit surtout nécessaire là où les administrés ont peine à formuler leurs plaintes, et doivent être protégés à la fois contre eux-mêmes et contre le personnel inférieur appelé à leur donner des soins.

La Commission de 1860 est restée dans les termes de la loi et dans les justes limites de la prudence en prévoyant que l'organisation ne devait pas être partout la même, et elle s'est bornée à exprimer l'opinion que la direction des asiles pourra réunir, s'il y a lieu, dans les mêmes mains, l'autorité administrative et l'autorité médicale (page 24).

Je crois qu'une discussion approfondie pourra démontrer que dans les grands établissements il est même de l'intérêt du médecin de n'être pas détourné de sa mission charitable et scientifique par les inévitables exigences d'une gestion administrative. Tous les documents relatifs à cette question seront, du reste, tenus à la disposition de la Commission.

Vous aurez aussi, Monsieur le Préfet, à lui signaler la nécessité de prendre un parti à l'égard des constructions importantes commencées par l'ancienne administration et qui restent suspendues jusqu'à ce que vous ayez, de concert avec le Conseil général, déterminé l'affectation future de chacune d'elles. Un rapport que j'ai eu l'honneur de vous adresser le 27 mars dernier expose en détail à cet égard la situation actuelle : à Sainte-Anne, il s'agit d'achever une section de malades et de transformer un bâtiment, destiné à des bains, en un dépôt général pour le mobilier des aliénés séquestrés dans les divers asiles ; à Ville-Évrard, un pensionnat, à prix élevé, n'attend plus que quelques dispositions dernières pour recevoir des malades ; à Vaucluse, on a proposé d'organiser un service d'enfants épileptiques et aliénés dans un bâtiment d'exploitation.

Il serait très-important que l'Administration départementale pût se prononcer sur le rapport qui contient ces différentes propositions.

Pour ne rien omettre, je rappellerai encore à votre souvenir le projet de créer un cimetière spécial pour l'asile de Vaucluse ; c'est dans le courant de l'année dernière que j'ai eu l'honneur de vous exposer tous les avantages que trouverait le département à établir ce cimetière sur une pièce de terre dépendant de l'asile.

Je m'abstiens, M. le Préfet, de vous parler de la gestion du domaine dépendant des trois asiles, puisque vous avez bien voulu, à ma demande, faire rentrer récemment cette partie du service dans les bureaux de la Préfecture ;

mais, permettez-moi seulement de rappeler qu'en juin 1871 le département n'avait pas encore terminé toutes les opérations domaniales, motivées par la création des asiles. La guerre et les incendies de la Commune avaient même fait suspendre toutes ces opérations. Mon Administration a pu faire rétablir le cadastre de toutes les acquisitions réalisées, de nouveaux titres ont été reconstitués, les réclamations de tous les vendeurs successivement examinées et les payements préparés et facilités par une minutieuse liquidation.

La mise en valeur de deux fermes a été préparée également et eût été terminée sans diverses circonstances indépendantes de mon administration.

Enfin, la Commission voudra probablement étudier les régimes alimentaires appliqués dans les asiles. En vue de cette éventualité, je mettrai sous ses yeux un tableau comparatif du régime, prescrit par les instructions ministérielles, et de ceux qui sont observés non-seulement dans les établissements du département, mais aussi dans les asiles de province où nous avons des pensionnaires. J'ai invité à cette occasion l'inspecteur principal du service à faire une tournée spéciale pour éclairer l'Administration sur les conditions plus ou moins favorables qu'offre chaque asile. Son rapport a été communiqué par moi à M. votre prédécesseur.

Ignorant les intentions de la Commission pour la première séance et ne sachant pas les points qui attireront plus particulièrement son attention, je crois inutile de discuter ici toutes les questions subsidiaires que peut soulever l'étude du service des aliénés ; mais, suivant les circonstances, il sera facile de compléter les renseignements que la Commission pourra désirer.

En me résumant, Monsieur le Préfet, je dirai : que l'intervention de l'Assistance publique dans le service des aliénés, en vertu d'une délégation de l'autorité départementale, n'est en contradiction avec aucune loi, avec aucune instruction ministérielle ;

Que c'est à vous, Monsieur le Préfet, et au Conseil général, à apprécier si cette intervention peut, ou non, vous offrir quelque avantage ;

Que l'Administration de l'Assistance ne saurait, en ce qui la concerne, qu'attendre votre décision et exprimer seulement le vœu que cette décision soit prise le plus promptement possible.

Agréez, Monsieur le Préfet, l'expression de mes sentiments respectueux.

Le Directeur de l'Administration générale de l'Asssistance publique,

F. BLONDEL.

ORGANISATION PROVISOIRE

DU SERVICE DES ALIÉNÉS SOUS L'ADMINISTRATION DE L'ASSISTANCE PUBLIQUE.

(Service central.)

Pour toutes les affaires nécessitant une sanction préfectorale, le service est rattaché à la Direction de l'Administration générale de la Préfecture. (Bureau d'administration départementale).

A l'Assistance publique le service est rattaché à la division des Enfants-Assistés et à celui des secours à domicile.

PERSONNEL DU BUREAU.

MM. Daubié, chef.	6,500	*Report*	26,600
Baille, sous-chef (visiteur).	3,600	A la suite et devant disparaître :	
Pigeonneau, commis principal.	2,400	1° MM. Bonnefoy (hors cadre).	3,000
Cladel, commis.	2,400	Salviat (commis hors cadre).	3,000
Duvelle, id.	2,100	(Anciens économes de Vaucluse.)	
Combemale, id.	2,700		
Bertrand, expéditionnaire	1,500		32,600
Hoche, id. (visiteur).	1,800		
Brébant, id. (détaché à la caisse).	1,500	Indemnité de voiture aux deux visiteurs.	1,800
De Rousiers de Rutz, id.	1,500		
Lair, garde-magasin	600		
Total : 11 personnes coûtant .	26,600	Total général	34,400

Les questions de la tutelle des biens des aliénés, du personnel et des approvisionnements généraux, sont rattachées au Secrétariat général. (Bureaux du domaine, du personnel et des marchés.)

Toutes les autres questions sont traitées par le service des Aliénés.

La liquidation des dépenses est faite par l'Assistance publique, le mandatement est fait à la Préfecture (Comptabilité départementale).

Pour le payement par avances des dépenses d'économat et des appointements, et pour toutes les opérations (recettes et dépenses, garde des titres, etc.) concernant la tutelle des aliénés, le service de caisse est fait gratuitement par le receveur de l'Assistance avec l'aide d'un expéditionnaire ci-dessus nommé.

La tutelle des Aliénés comme celle des Enfants-Assistés est exercée par le Directeur de l'Assistance publique, en conformité de l'article 3 de la loi du 10 janvier 1849.

A reporter. 34,400

Report. 34,400

Inspecteur général, logé, chauffé, éclairé.

Traitement. . . . . 10,000 } 13,000
Frais fixes. . . . . 3,000 }

Bureau de réception rattaché à l'asile Sainte-Anne :

Deux médecins à 4,600 francs. 9,200

(Les médecins du bureau d'admission ont été portés à 4,000 francs par arrêté d'octobre 1870, plus à 600 francs pour indemnité de nourriture.)

ASILE SAINTE-ANNE.

Directeur 5,000
Économe. 3,000
Deux médecins, un chirurgien, un pharmacien, quatre internes 23,500
Un commis principal, deux commis, deux expéditionnaires. . . . . 11,700 } 95,490
Aumônier 2,000
Personnel secondaire. 50,290

ASILE DE VILLE-EVRARD.

Personnel de l'asile identique à celui existant sous l'Administration directe de la Préfecture de la Seine, sauf un médecin adjoint remplaçant le chef interne à 3,000 francs (arrêté du 15 avril 1871). . . . . 68,730 } 71,830
Personnel du domaine à conserver. . . . . 3,100 }

ASILE DE VAUCLUSE.

Personnel identique à celui de l'Administration directe de la Préfecture de la Seine, sauf un médecin adjoint remplaçant le chef interne à 3,000 francs (arrêté du 15 avril 1871). . . . . 71,853 } 74,953
Personnel du domaine à conserver. . . . . 3,100 }

Total. 298,873

Nota.— On rappelle pour ordre le personnel à la suite du bureau des aliénés qui est à replacer dans d'autres services et dont la dépense (7,200 francs) doit disparaître du compte des aliénés.

ORGANISATION

DU SERVICE DES ALIÉNÉS A LA PRÉFECTURE DE LA SEINE (1).

(Service central.)

Depuis le 1er mai 1867, le service est demeuré sous l'administration directe de la Préfecture. Il était rattaché à la Direction de l'Administration préfectorale (3me section, bureau d'Administration départementale).

Le personnel du bureau se composait en tout d'un personnel régulier de 15 personnes et de 4 auxiliaires.

La partie du bureau s'occupant plus spécialement du service des aliénés était composée ainsi qu'il suit :

MM. Daubié, sous-chef	5,000 »	*Report*. . . .	20,500 »
Baille, commis principal (visiteur).	3,200 »	MM. Lobrani, auxiliaire.	2,100 »
Clère, *id*.	3,000 »	Serph, expéditionnaire. . .	1,500 »
Castellan.	2,700 »	Réad, *id*.	1,500 »
Mazar.	2,400 »	Hoche, auxiliaire (visiteur).	1,200 »
Pigeonneau	2,100 »	Garçon de bureau.	1,200 »
De Précorbin, commis rédacteur.	2,100 »	Lair, garde-magasin. . . .	600 »
		Indemnité de voiture aux deux visiteurs.	1,800 »
A reporter. . . .	20,500 »	Totaux : 13 personnes. .	30,100 »

Sauf les questions se rattachant à l'Administration départementale pure (gestion des domaines, personnel et organisation des asiles), toutes les questions relatives au service des aliénés et la tutelle étaient traitées dans cette partie du bureau.

Le caissier intérieur de la Préfecture était en même temps *Receveur du service des aliénés* et recevait en cette qualité une indemnité de. . . . . . 3,000 » ⎫

Il encaissait les valeurs, sommes et bijoux déposés au nom des aliénés et faisait le service d'avances aux économes; il recevait également les cautionnements d'adjudicataires. ⎬ 8,200 »

Il était aidé par deux employés : un commis et un expépitionnaire 3,600 »

Un garçon de caisse. . . . . 1,600 » ⎭

Totaux généraux : 17 personnes, etc . . . . 38,600 »

A reporter. . . . . 38,600 »

SERVICE EXTÉRIEUR.

Report. . . . . 38,600 »

Toutes les questions relatives au service intérieur des asiles étaient soumises à une commission de cinq membres nommés par le préfet (ordonnance du 18 décembre 1839). Cette commission se réunissait tous les mois régulièrement et toutes les fois qu'elle était convoquée extraordinairement pour des questions urgentes.

Les directeurs des trois asiles et l'inspecteur général du service avaient entrée dans la commission.

L'un des membres de cette commission était administrateur provisoire des biens des aliénés non interdits de la Seine.

Il y avait un secrétaire adjoint aux appointements de. . . . . 2,400 »

L'inspecteur général, logé à l'asile Sainte-Anne, chauffé. éclairé, ayant un traitement de. . . . . 15,080 »

faisait la répartition des aliénés admis au bureau central d'examen; il centralisait également les translations. Il était assisté par deux médecins internes, logés, nourris, chauffés, éclairés et ayant chacun un traitement de 2,200 francs, oi. . . . 4,400 »

Au bureau central un commis et un expéditionnaire. . . . . 3,900 »

Personnel secondaire et indemnités. 11,260 »

ASILE SAINTE-ANNE.

	L'Inspecteur général chargé de la direction :		
Personnel supérieur.	Service médical : 2 médecins à 8,000 francs, logés, chauffés, éclairés. . . . . 16,000 »		
	— 2 internes en médecine titulaires, *id*. . . . . 1,600 »		
	— 2 internes en pharmacie titulaires, *id*. . . . . 1,600 »		
	— Pharmacien en chef. . . . . . 3,000 »		
	Service administratif : Econome . . . . 6,000 »		81,580 »
	— Commis principal-Secrétaire de l'inspecteur, *id*. . . . 2,400 »		
	— Commis d'économat, deux expéditionnaires. . . . . 5,700 »		
	— Aumônier et aumônier adjoint . . . . 3,000 »		
Personnel inférieur de l'asile, indemnités diverses. . 42,280 »			

ASILE DE VILLE-ÉVRARD.

Directeur-médecin, logé, chauffé, éclairé.	8,000 »	
Chirurgien et trois internes, *id*.	2,900 »	
Économe, pharmacien, aumônier 2 commis, 2 expéditionnaires (1 commis principal, 1 commis). } *id* . . .	17,400 »	82,096 »
Indemnités diverses et personnel inférieur de l'asile	43,436 »	
Personnel du domaine.	10,360 »	

ASILE DE VAUCLUSE.

Même personnel que pour } supérieur	28,100 »	
l'asile ci-dessus. { inférieur, indemnités.	46,673 »	84,553 »
Personnel du domaine	9,780 »	

TOTAL. . . . . 323,789 »

DÉTAIL DES DIFFÉRENTES PARTIES DU SERVICE DES ALIÉNÉS.

AUTORITÉ SUPÉRIEURE.

—

COMMISSION DE SURVEILLANCE.

—

DIRECTION DE L'ENSEMBLE DU SERVICE.

—

Inspection dans chaque établissement du service de Santé et du service administratif.

—

TRAVAIL DES BUREAUX.

—

Tenue du registre : Matricule général. Confection et classement des dossiers. Classement des certificats médicaux. — Mouvement journalier (environ 2,500 admissions par an.)

Enquêtes (environ 3,600 par an). — Enlèvement de mobiliers.

Établissement du domicile de secours. Correspondance avec les communes de la Seine et les départements. — Translations et rapatriements.

Recouvrement des frais de séjour. — Réclamations aux familles, aux communes, aux départements et à l'Etat. (Ces réclamations peuvent être évaluées en nombre pour les départements à 500, nécessitent l'établissement de plus de 2,000 états et, pour les familles, à plus de 6,500 par an. En 1872 on a mis en recouvrement sur les départements, une somme de 246,731 francs. On a recouvré sur les familles plus de 151,000 fr.)

Liquidation des dépenses.

Service général. — Organisation du service intérieur des Asiles. — Instructions. — Rapports sur l'ensemble du service. — Statistique.

Gestion des biens des Aliénés non interdits. — Gestion du domaine des Asiles

Adjudications et Marchés.

Questions concernant le personnel supérieur et secondaire des établissements.

Comptabilité en deniers et en matières.

Instructions. — Vérification et surveillance des économats.

Opérations de caisse. — Encaissement des sommes payées par les familles pour frais de séjour. — Payements et Recettes concernant la gestion des biens des Aliénés. — Avances aux économes.

ORGANISATION A LA PRÉFECTURE DE LA SEINE (DU 1er MAI 1807 AU 30 JUIN 1871).

(DÉPENSE DU PERSONNEL)

LE PRÉFET,
LE CONSEIL GÉNÉRAL,

—

La Commission de surveillance nommée, conformément à l'ordonnance du 18 décembre 1839, se composait de cinq membres et d'un secrétaire adjoint, aux appointements de 2,400 fr. **2,400**

Elle se réunissait tous les mois régulièrement et, en outre, lorsqu'elle était convoquée pour affaires urgentes.

Elle donnait son avis sur toutes les questions intéressant le service intérieur des Asiles.

Les directeurs des établissements et l'inspecteur général et, dans la dernière période, le directeur de l'administration préfectorale, y avaient entrée.

L'un des membres de la Commission faisait fonction d'*administrateur provisoire des biens des Aliénés de la Seine, non interdits*, conformément à la loi du 30 juin 1838.

—

LE DIRECTEUR DE L'ADMINISTRATION PRÉFECTORALE.

—

Un inspecteur général chargé, en même temps, à titre provisoire, de la direction de l'asile Ste-Anne, de la répartition des malades dans les divers établissements, était logé, chauffé, éclairé. (Cette fonction a été supprimée en septembre 1870.) **15,000**

Jusqu'au 30 septembre 1870, le service des aliénés a été rattaché au *Bureau d'administration départementale*.

Ce bureau était composé d'un chef, de deux sous-chefs et de seize employés et auxiliaires.

Un sous-chef et huit employés s'occupaient spécialement du service des Aliénés. Les appointements de ces employés avec ceux d'un garçon de bureau et du garde-magasin des mobiliers d'Aliénés ainsi que l'indemnité de voitures aux visiteurs, s'élevaient à **30,400**

Un sous-chef et trois employés s'occupaient pour partie d'affaires départementales et pour partie d'affaires du service des Aliénés.

Les autres ne s'occupaient que d'affaires départementales.

A partir du mois de septembre 1870, le bureau des Aliénés fut constitué et séparé du bureau de l'Administration départementale . . . .

Le caissier intérieur de la Préfecture faisait les fonctions de receveur; il recevait une indemnité de **3,000**

Il était aidé par deux employés et un garçon de caisse qui s'occupaient également d'affaires étrangères au service des Aliénés, ils étaient payés **5,200**

56,000

ORGANISATION PROVISOIRE DE L'ASSISTANCE PUBLIQUE DANS L'ÉTAT ACTUEL.

(DÉPENSE DU PERSONNEL)

LE PRÉFET,
LE CONSEIL GÉNÉRAL,

Commission de surveillance désignée par M. le Préfet parmi les membres du Conseil de surveillance de l'Assistance publique.

Deux membres pour chaque asile.

Le Conseil général de l'Assistance se réunit tous les quinze jours.

—

LE DIRECTEUR DE L'ADMINISTRATION DE L'ASSISTANCE PUBLIQUE.

—

La fonction d'inspecteur général a été rétablie le 1er juillet 1871. — L'inspecteur est logé à l'asile Ste-Anne, chauffé et éclairé, il reçoit un traitement de 10,000 fr. et 3,000 fr. de frais fixes **13,000**

L'inspecteur général a d'abord reçu directement les ordres de M. le Préfet; depuis le mois de mai 1872, il reçoit les instructions du Directeur de l'Assistance publique.

—

Le bureau des Aliénés est rattaché à la division des Secours, des Enfants-Assistés et des Aliénés.

Le cadre des employés est le même qu'à la préfecture, mais le nombre des chefs et employés n'est plus que de 10, occasionnant une dépense de 24,000 fr. **24,000**

Mais il y a lieu d'observer qu'il existe encore dans ce bureau deux employés, anciens économes de l'asile de Vaucluse, ayant chacun 3,000 fr. et un auxiliaire à 1,200 fr **7,200**

—

Travail fait dans la division du Secrétariat général.

Bureau du domaine (pour la tutelle). Depuis le 1er janvier 1873, la gestion domaniale est dans les attributions d'un bureau de la préfecture.

Bureau du Matériel, des Marchés et adjudications.

Bureau du Personnel.

—

Travail fait dans la division de la Comptabilité.

Bureau de la Comptabilité en deniers et de la comptabilité en matières. — Mandatement des dépenses d'Economat et des appointements. — Les autres dépenses sont mandatées à la préfecture et payées au Trésor.

—

Le receveur de l'administration.

Un employé du bureau des Aliénés dont les appointements sont compris dans le chiffre ci-dessus est détaché à la Caisse.

Le travail fait dans la division ci-contre est fait par les employés de l'Assistance sans qu'il en résulte aucune charge pour le Budget départemental.

47,400

Paris.-Imp. PAUL DUPONT, 4, rue Jean-Jacques-Rousseau.

49